Enid Artursdottir

Bring- und Holdienst

Enid Artursdottir

Bring- und Holdienst

Shuttle-Service

Trainerverlag

Imprint

Cover image: www.ingimage.com

Publisher:
Der Trainerverlag
is a trademark of
International Book Market Service Ltd., member of OmniScriptum Publishing Group
17 Meldrum Street, Beau Bassin 71504, Mauritius

Printed at: see last page
ISBN: 978-620-2-49469-4

Inhaltsverzeichnis:

I. **<u>Kinder zum Kindergarten bringen:</u>**

a) <u>zu Hause:</u>

- ✓ alle Kinder einkleiden
- ✓ (die Kleine:
- ✓ mit Windel und Body,
- ✓ die Zwillinge:
- ✓ ohne Windel und Body,
- ✓ dafür jedoch

- ✓ mit Unterhose
- ✓ und Unterhemd):
- ✓ Pulli,
- ✓ Hose,
- ✓ Socken,
- ✓ Schuhe/Stiefel,
- ✓ Jacke,
- ✓ Mütze,
- ✓ Schal,
- ✓ Handschuhe,
- ✓ Rucksäcke,

- ✓ Frühstückdosen,

- ✓ Frühstück

b) <u>im Auto:</u>

- ✓ alle Kinder in die Kindersitze setzen
- ✓ und ordnungsgemäß anschnallen,
- ✓ langsam fahren,
- ✓ vor der Grundschule links abbiegen:
- ✓ Parkplatzsuche,
- ✓ Kinder abschnallen usw.

c) <u>im Kindergarten:</u>

- ✓ sie zur ihrer Gruppe bringen,
- ✓ ihn und die Kleine zu deren Gruppe bringen,
- ✓ dort jeweils:
- ✓ Handschuhe,
- ✓ Mütze oben auf das Fach legen,
- ✓ (nicht zu vergessen: ihre Ohrenschützer)
- ✓ Schal und Jacke an Haken hängen,
- ✓ Rucksack am Ständer aufhängen,
- ✓ Straßenschuhe ausziehen

- ✓ und im jeweils dazu vorgesehenen Schuhfach verstauen,
- ✓ dort Hausschuhe entnehmen
- ✓ und den Kindern beim Anziehen behilflich sein:
- ✓ sie trägt pinke,
- ✓ er trägt blaue "Croggs",
- ✓ die Kleine trägt blaue Elefantenfilzpantoffeln

d) <u>Abschiedsrituale mit den Kindern:</u>

- ✓ sie möchte gerne VOR ihrer Gruppe
- ✓ im Eingangsbereich verabschiedet werden (Händeklatschen),
- ✓ sie geht danach eigenständig in die Gruppe
- ✓ und sucht sofortigen Kontakt
- ✓ zur Erzieherin und Gruppenleiterin (und "hilft" ihr)
- ✓ er und die Kleine wollen gerne gemeinsam
- ✓ IN die Gruppe gebracht werden,
- ✓ ich begleite sie dazu bis in die sog. "Matschecke",
- ✓ dort hängt ein "Matschebild",

- ✓ darauf male ich ein Herz
- ✓ und schreibe:
- ✓ seinen Namen,
- ✓ ihren Namen,
- ✓ den Namen der Kleinen
- ✓ und Mama
- ✓ und Papa rein,
- ✓ anschließend benötigt jedes Kind
- ✓ je einen Handkuss auf die rechte
- ✓ und die linke Hand,
- ✓ danach wollen beide genauso "abklatschen" dürfen

- ✓ wie die große Schwester es sich ausgesucht hat,
- ✓ nach dem Abklatschen werde ich "entlassen"
- ✓ und verlasse die Kita wieder

II. Die Kleine von der Kita abholen (ca. 12:15 Uhr):

- ihr Zeichen ist das Einhorn -

- ✓ Fahrt zur Kita,
- ✓ Parkplatz finden
- ✓ (bloß nicht auf dem Essenlieferantenparkplatz parken –
- ✓ das gibt Ärger!)
- ✓ die große Haupttür ist zu dem Zeitpunkt in der Regel geöffnet
- ✓ sodass voraussichtlich nicht geklingelt werden muss
- ✓ "leises" Gehen ist angesagt
- ✓ da die Kinder gerade (im Flur)

- ✓ ihre Mittagsmahlzeit zu sich nehmen
- ✓ Weg zur ihrer Gruppe bahnen
- ✓ (zwischen vielen Elternteilen
- ✓ mit oder ohne Kind/er im Schlepptau
- ✓ auch die Kinder und Erzieherinnen
- ✓ wechseln teilweise die Gruppen
- ✓ anlässlich der Mittagszeit usw.
- ✓ wenn niemand in der Guppe ist
- ✓ dann sind sie vermutlich
- ✓ draußen auf dem Spielplatz
- ✓ bedeutet dann die Kleine abholen

- ✓ Gummistiefel ausziehen
- ✓ Matschhose ausziehen
- ✓ (dazu auch die Jacke)
- ✓ danach wieder einkleiden
- ✓ Gummistiefel ins Badezimmer bringen
- ✓ und an den Ständer "stecken"
- ✓ Matschhose ins Badezimmer bringen
- ✓ und an den entsprechenden Haken hängen
- ✓ (noch immer kein Bild da!)
- ✓ Die Kleine bloß in der Zeit nicht alleine zurück lassen
- ✓ sonst fühlt sie sich in der Menschenmenge verloren

- ✓ und weint dann in der super engen Umkleideecke
- ✓ versuchen sie in die entsprechende Kleidung zurückzuversetzen
- ✓ wenn die Kinder nicht draußen sind
- ✓ sitzt sie vermutlich am großen Tisch in der Mitte
- ✓ und macht ein Puzzle
- ✓ dann ihr behilflich sein
- ✓ die restlichen Puzzlesteine zusammenzustecken
- ✓ das Puzzle ins Regal räumen
- ✓ die Gruppe verabschieden und/oder die Erzieherinnen
- ✓ und mit ihr den Raum / die Gruppe verlassen
- ✓ draußen das komplette Umkleideritual durchführen:

- ✓ Hausschuhe ausziehen
- ✓ und unter der Sitzbank verstauen
- ✓ Stiefel hervorkramen
- ✓ und ihr die Stiefel anziehen
- ✓ Mütze
- ✓ Schal
- ✓ Jacke
- ✓ Handschuhe
- ✓ wieder anziehen
- ✓ den Rucksack vom Rucksackständer nicht vergessen
- ✓ sie möchte ihn meistens gerne sofort anziehen

- ✓ dann mit dem vollgepackten (und halb schläfrigen) Kind
- ✓ in ihrem Tempo durch den Flur latschen (langsam)
- ✓ sie will sich überall noch alles in aller Ruhe anschauen
- ✓ jedes Kind wird angeschaut
- ✓ jeder Erwachsene auch
- ✓ sie möchte gerne ganz langsam laufen
- ✓ bevorzugt oftmals sogar nicht an der Hand zu gehen
- ✓ sondern „alleine“
- ✓ es sei denn sie ist so müde
- ✓ dass sie doch wünscht "geführt" zu werden
- ✓ doch dann nur in ihrem Trödeltempo

- ✓ endlich an der großen Türe angekommen
- ✓ entscheidet sie
- ✓ ob sie gerne die Tür selbst öffnen
- ✓ und schließen will
- ✓ (auch wenn sie sie noch gar nicht
- ✓ alleine aufgedrückt bekommt
- ✓ und die Tür anschließend von selbst schließt)
- ✓ von außen drückt sie so lange an der Tür
- ✓ bis sie auch wirklich vollständig geschlossen ist
- ✓ (das dauert lange)
- ✓ dann geht sie mal gerne an der Hand bis zum Auto

- ✓ oder kann auch schon mal bockig sein und schmollen
- ✓ in solchen Fällen muss sie erst mal lange überlegen
- ✓ ob sie jetzt überhaupt ins Auto einsteigen möchte
- ✓ manchmal möchte sie gerne im Auto
- ✓ sofort ihr restliches Frühstück verzehren
- ✓ dann muss die Büchse her
- ✓ manchmal krümelt sie allerdings auch bloß damit rum
- ✓ und öffnet und schließt die Büchse mehrfach
- ✓ mal schaut sie sich alles in Ruhe an
- ✓ und will es von mir benannt bekommen:
- ✓ Holz, Autos, Bäume, usw.

- ✓ manchmal benennt sie es dann auch selbst:
- ✓ Holz, Autos, Bäume
- ✓ oder träumt nur müde vor sich hin
- ✓ manchmal möchte sie auch
- ✓ dass ich singe
- ✓ "es regnet
- ✓ Gott segnet
- ✓ die Erde wird nass"
- ✓ wenn´s regnet
- ✓ in der Kurve nach Hause hoch
- ✓ steht dann meist schon

- ✓ der Nachbarsjunge an der Straße
- ✓ und wartet
- ✓ er stinkt nach altem Frittenfett
- ✓ da die Grundschule
- ✓ kürzlich eine Pommesbraterei besucht hat
- ✓ er schnallt sich nie an
- ✓ und benötigt Minuten
- ✓ um überhaupt auf den Sitz zu klettern
- ✓ auch bekommt er nie
- ✓ die Autotür vollständig geschlossen
- ✓ die Kleine ist auch schon nicht mehr

- ✓ ganz so fasziniert wie zu Anfang
- ✓ auf dem Parkplatz will sie
- ✓ mal gerne und schnell aussteigen
- ✓ oder wie sie es sich von den Zwillingen abgeguckt hat
- ✓ auch mal gar nicht
- ✓ gerne will sie mal zügig zum Haus
- ✓ oder eher trödelig
- ✓ oder will ganz draußen bleiben
- ✓ oder legt es darauf an
- ✓ "gefangen" zu werden
- ✓ oder übt sich in anderen Bockigkeiten

- ✓ und Sturheiten
- ✓ drinnen ist sie mal eifrig dabei
- ✓ sich selbst die Stiefel ausziehen zu wollen
- ✓ oder sie verweigert alles
- ✓ mal will sie jetzt unbedingt
- ✓ ihre Brotbüchse aus dem Rucksack haben
- ✓ mal will sie nur auf der Treppe hocken
- ✓ sie probiert immer mehr
- ✓ und weitere Verhaltensweisen aus
- ✓ und testet so
- ✓ wie ich darauf

- ✓ jeweils reagiere

III. Die Zwillinge von der Kita abholen:

- sein Zeichen ist der Zylinder,

ihr Zeichen ist der Schmetterling -

- ✓ nach dem Mittag
- ✓ ist die Haupttür regelmäßig verschlossen
- ✓ bedeutet klingeln
- ✓ und warten
- ✓ bis eine Ansage kommt
- ✓ "wem darf ich öffnen?"
- ✓ dann Namen nennen

- ✓ und darauf warten
- ✓ bis die Türe entsperrt wird
- ✓ durchlaufen
- ✓ bis in den sogenannten "Altbau"
- ✓ er befindet sich meist in seiner Gruppe
- ✓ selten auch (wie beispielsweise gestern) in ihrer Gruppe
- ✓ in seiner Gruppe
- ✓ ist er dann oftmals
- ✓ im sog. Nebenraum
- ✓ dort spielt er
- ✓ bevorzugt mit Autos

- ✓ oder baut Phantasiekonstrukte
- ✓ diese möchte er dann
- ✓ gerne einmal vorführen
- ✓ und demonstrieren
- ✓ bevor sie danach
- ✓ wieder abgebaut
- ✓ und weggeräumt werden müssen
- ✓ mal spielt er jedoch auch
- ✓ in der Puppenecke
- ✓ oder sitzt oftmals auch
- ✓ am großen runden Tisch

- ✓ und beschäftigt sich "still"
- ✓ mit Konzentrationsdingen
- ✓ ab und an ist er auch
- ✓ einer Erzieherin beim Spülen behilflich
- ✓ nicht selten erfolgt die Ansage
- ✓ a) eines "Malheurs"
- ✓ (in letzter Zeit eher seltener)
- ✓ oder b) eines "Unfalls"
- ✓ bei welchem er meist
- ✓ "auf den Kopf fällt"
- ✓ (Rutsche/Dreirad/Tür)

- ✓ er kommt freudig zur Begrüßung angerannt
- ✓ und kennt schon den routinemäßigen Ablauf
- ✓ meist schafft er es sogar eigenständig
- ✓ sich die Jacke
- ✓ Mütze
- ✓ Schal
- ✓ Handschuhe
- ✓ Rucksack
- ✓ zu holen
- ✓ manchmal sogar selbst
- ✓ die Schuhe umzuziehen

- ✓ häufig vergisst er jedoch "Details"
- ✓ und muss nochmal geschickt werden
- ✓ weil er den Rucksack vergessen hat
- ✓ sie befindet sich meist in ihrer Gruppe
- ✓ mitunter jedoch auch in seiner
- ✓ vereinzelt spielen die beiden
- ✓ dann auch durchaus mal miteinander
- ✓ wenn in keiner Gruppe jemand anzutreffen ist
- ✓ sind sie vermutlich draußen
- ✓ wenn sie nicht in der Gruppe
- ✓ oder draußen anzutreffen ist

- ✓ hockt sie voraussichtlich auf der Toilette
- ✓ anschließend
- ✓ oder auch stattdessen
- ✓ planscht sie noch ausgiebig
- ✓ im Waschraum am Waschbecken
- ✓ hinterher hat sie sich oftmals
- ✓ auch völlig eingesaut
- ✓ bzw. kommt triefend nass
- ✓ und fröhlich wieder zurück
- ✓ wenn er mal ein Bild
- ✓ zum Vorzeigen mitbringt

- ✓ dann transportiert er es alleine
- ✓ (leider jedoch oftmals so
- ✓ dass die Bastelei nicht einmal
- ✓ bis zum Auto ganz bleibt)
- ✓ sie hingegen
- ✓ kann sich meist
- ✓ nicht entscheiden
- ✓ welches ihrer vielen Kunstwerke
- ✓ sie mit nach Hause nehmen will
- ✓ da kann es durchaus schon mal
- ✓ zehn Minuten dauern

- ✓ bis sie aus ihrer stets überfüllten Schublade
- ✓ den ein oder anderen Zettel Papier
- ✓ heraus gekramt hat
- ✓ mit Kastanien drauf
- ✓ mit Maisschnipsel drauf
- ✓ mit Goldfolie drauf
- ✓ wenn ihr nicht sogar
- ✓ einzelne kleine Papierfitzel
- ✓ und Schnipsel
- ✓ aus der Schublade heraus
- ✓ auf den Boden fallen

- ✓ und in steter Wiederkehr
- ✓ sorgfältig aufgehoben werden müssen
- ✓ um anschließend wieder heraus zu fallen
- ✓ auch liebt sie es nicht
- ✓ sich eigenständig anzukleiden
- ✓ lieber zögert sie mit allen Methoden und Maschen
- ✓ den Abgang hinaus
- ✓ sie rutscht bäuchlings über den Boden
- ✓ muss noch irgendwelche Kinder
- ✓ in Kommunikation verwickeln
- ✓ oder zum Bällebecken laufen

- ✓ sich mit einer Erzieherin unterhalten
- ✓ ihr Bild unbedingt erst
- ✓ noch zu Ende malen
- ✓ will die Spiele dann
- ✓ nicht wegräumen
- ✓ soll die Mama machen
- ✓ sodass sich der Aufbruch
- ✓ dadurch deutlich verzögert
- ✓ während er entweder schon
- ✓ mit Mütze und Schal parat steht
- ✓ oder aber in die Ablenkungsmanöver

- ✓ mit eingebunden wird
- ✓ schau mal
- ✓ das habe ich gemalt
- ✓ danach erfolgt
- ✓ eine professionelle Bildbetrachtung
- ✓ und Besprechung
- ✓ und es dauert noch länger
- ✓ oftmals braucht sie
- ✓ handfeste Unterstützung
- ✓ um zu verstehen
- ✓ wo sie ihre Mütze findet

- ✓ und wo sich vermutlich
- ✓ ihre Jacke befinden könnte
- ✓ und wo ein einzelner Schuh
- ✓ verborgen ist
- ✓ auch ihr Rucksack lässt sich
- ✓ nach einigem Suchen
- ✓ durchaus wieder auffinden
- ✓ selten dort
- ✓ wo er hingehört
- ✓ so sorgt sie
- ✓ durch ihre

- ✓ muntere
- ✓ fröhliche
- ✓ aufgeschlossene
- ✓ und temperamentvolle Art
- ✓ immer
- ✓ für „willkommene“ Abwechslung
- ✓ und Chaos
- ✓ in der Zeit
- ✓ steigt sein Müdigkeitspegel
- ✓ auch ist ihm durchaus
- ✓ wohlig warm

- ✓ in der dicken Jacke
- ✓ unter Mütze
- ✓ und Handschuhen
- ✓ mit Schal
- ✓ während ihr Unterhemd
- ✓ aus der Hose hängt
- ✓ ihre Hose nicht vollständig
- ✓ die Unterhose bedeckt
- ✓ zum Glück jedoch meist
- ✓ ihren Allerwertesten
- ✓ auch läuft sie mitunter

- ✓ ohne Hausschuhe
- ✓ diese stehen dann
- ✓ mutterseelenallein
- ✓ kreuz und quer
- ✓ in der Gegend herum
- ✓ während sie
- ✓ schnell mal Pipi muss
- ✓ sollte sie jedoch
- ✓ Kaka machen müssen
- ✓ dann verzögert sich
- ✓ die Abfahrt deutlich

- ✓ um eine knappe Viertelstunde
- ✓ jeder Flieger wäre bereits abgehoben
- ✓ auch lässt sie sich gerne
- ✓ während der Schal
- ✓ um den Hals liegt
- ✓ und zwei Handschuhe
- ✓ verloren gegangen sind
- ✓ und die Ohrenschützer
- ✓ unauffindbar bleiben
- ✓ zu einem Wettrennen hinreißen
- ✓ bei welchem sie durchaus

- ✓ von einer zufallenden Türe
- ✓ getroffen werden kann
- ✓ um sich dann
- ✓ über Nasenbluten zu wundern
- ✓ ich laufe meist
- ✓ wie ein Packesel bestückt
- ✓ mit diversen Rucksäcken
- ✓ Bilder- und Papierstapeln bestückt
- ✓ und diversen Restkleidungsstücken hinterher
- ✓ um insbesondere sie
- ✓ aufzusammeln

- ✓ wenn sie nicht sogar ihn
- ✓ mit ihrer Lustigkeit
- ✓ angesteckt haben sollte
- ✓ mal versteckt sie sich jedoch auch
- ✓ auf irgendeiner anderen Toilette
- ✓ oder im Umkleideraum des Personals
- ✓ oder in der Regenschirmecke
- ✓ vereinzelt auch mal
- ✓ in den kleineren Gruppen
- ✓ oder Fluren
- ✓ und will dann

- ✓ gesucht
- ✓ und gefunden werden
- ✓ um erneut wegzulaufen
- ✓ und auszubrechen
- ✓ sollte er in den Modus des
- ✓ "ich bin ein ganz frecher Kerl"
- ✓ überspringen
- ✓ dann schließt vermutlich die Kita
- ✓ noch vor Auffinden beider Kinder
- ✓ das Theater kann sich dann –
- ✓ wenn die Ausgangstür einmal

- ✓ erfolgreich durchquert worden ist –
- ✓ auch im Außenbereich noch fortsetzen
- ✓ auf dem Weg zum Auto
- ✓ bzw. vom Auto weg
- ✓ sie verwickelt nahezu jede Person
- ✓ in ein Gespräch
- ✓ egal wie alt oder jung
- ✓ groß oder klein
- ✓ dick oder dünn
- ✓ außerdem erfolgt natürlich noch
- ✓ die endlose Diskussion darüber

- ✓ wer in welchem Sitz
- ✓ Platz zu nehmen hat
- ✓ bevorzugt säße sie
- ✓ am liebsten auf meinem Platz
- ✓ und er auf dem Beifahrersitz
- ✓ oder umgekehrt
- ✓ auch wird der Einstieg
- ✓ oftmals selbst gewählt
- ✓ und es geht
- ✓ über alle Sitze
- ✓ auf die Rückbank

- ✓ auf der Rückbank wiederum
- ✓ wird dann gestritten
- ✓ wer im Sitz der Kleinen sitzen darf
- ✓ und es erfolgen Diskussionen darüber
- ✓ wer gestern
- ✓ und morgen
- ✓ dort gesessen habe
- ✓ wenn dann
- ✓ nach Absterben
- ✓ des allerletzten Restnervs
- ✓ die Kinder tatsächlich

- ✓ angeschnallt sein sollten
- ✓ kann die Heimfahrt
- ✓ auch schon beginnen –
- ✓ untermalt von ihren wiederkehrenden Fragen:
- ✓ wann komme ich in die Schule
- ✓ wo ist die Große
- ✓ und weitere Neugierigkeiten mehr
- ✓ die Fahrt
- ✓ und Ankunft
- ✓ und das ganze Gedöns
- ✓ um das Abschnallen

- ✓ und (Nicht)Aussteigen
- ✓ und Wünschen
- ✓ können wir Radio hören
- ✓ und über die Sitze klettern
- ✓ und Springen
- ✓ und Mama
- ✓ und Papa spielen
- ✓ und der Run
- ✓ auf das Haus zu
- ✓ oder um das Haus herum
- ✓ oder vom Haus weg

- ✓ und das ganze Getöse
- ✓ bis zur Haustür
- ✓ und im Hausflur
- ✓ und die Treppe rauf
- ✓ oder runter usw.
- ✓ ERSPARE ICH MIR
- ✓ (und dir/
- ✓ euch/
- ✓ Ihnen)
- ✓ hier an dieser Stelle –
- ✓ das gehört alles

- ✓ zum täglichen

- ✓ (kunterbunten)

- ✓ "Einerlei"

Printed by Books on Demand GmbH, Norderstedt / Germany